Iktus

Annika Rydberg

# Iktus

FSC
www.fsc.org
MIX
Papper från
ansvarsfulla källor
Paper from
responsible sources
FSC® C105338



Omslagsbild: Annika Rydberg

Förlag: BoD – Books on Demand, Stockholm, Sverige
Tryck: BoD – Books on Demand, Norderstedt, Tyskland

ISBN: 978-91-8057-459-4

## Gryning

Genom luftens molekyler
tränger ljuset och skingrar
mörkret när jorden sakta
rör sig kring sin axel.

Jag andas gryningen och bilden
stiger i mig. Luften bär ljudet
av vatten som drunknar
i tusen bilars brus.

Och älven rör sig i speglar
av himlen ovanför. Vattnet
skimrar i stålgrått silverglitter
som av glas.

Och medan de instängda rusar
i lådor av metall
omslutna av mörker och blinda
för dagen som gryr,

lägger sig skiftningar
från asken med akvarellfärger
bortom och runt överallt där
jag rör mig över älvens rörelser:

blue black, neutral tint, paynes grey
och ett stänk av krapplack över
det lätt fuktade pappret.

Vidunderligt flyter vattnet fram
i sin fåra och ljuset bryter genom
gryningens silvervita skörhet.

## Kastanjens nakna grenar

De tyngre partiklarna
följer inte längre flödet
utan sjunker till botten
där i den trånga fåran
mellan bergets
bråddjupa sidor.

Sanden i en skåra
av lysande ockra
under vattnet som
rinner och rinner
genom min
trädgård.

De större stenarna står
sedan länge orörliga.
Tyngden av de täta
atomerna.
Genomskinligheten
innan vattnet
rinner ut
i den av humus
rostfärgade
dammen.

*

Jag tycker så mycket om
att vara vid vattendraget
och befria flödet
från kastanjens breda blad
då de faller under hösten.

*

Vid källan breder den skogsgröna
stjärnmossan ut sig och sprider
gametofyter och sporofyter
ut över den grå graniten.

Den täta himlen har fläckar
i toner av stålblått som bryter
mot barrträdens dova och gröna
kronor. Jag har bäddat löven
i drivor runt rosornas
nakna stjälkar.

Husets tystnad. Fönsterglasen
glänser svarta och tomma.
Kastanjens grenar avklädda
i oktoberluften.

Över stammen kryper den
gröna mossan. Överlevaren.
Livscykeln domineras
av gametofyten,
könsgenerationen.

## Speglingar

Det gröna från taket
långt därborta glänser
i kanalens vatten.
Skenet av materia

som inte finns där
men ändå är
kromoxidgrön och våt
i vårt medvetande.

Som speglingar
av den andre går
genom kroppens kedjor
av organiskt stoff

vandrar klangen av grönt
genom elementen.
Ljuset genererar
bilder i vattnet.

Att vara både här
och därborta.
Taket täcker
husets röda kropp.

## Höstbild

Röken stiger ur den
roströda tunnan.
Det brinner långsamt
av vattensjukt
trädgårdsavfall.

Slöjor av vitt drar bort
mellan träden. Röken
diffunderar i vinden.
Luften blir hög och klar,
blå och genomskinlig.
Allt är kvar
och åter bundet.

Trädgården samlar
sina rötter
och stannar upp
en stund.
Jag stänger
den vita dörren
och går ut genom
trädgårdsgrinden.

## Rymdfärd

En morgon för tusen år sedan
blev nebulosan synlig
i rymdens stora mörker.
En stjärna pulserar
i gasmolnets inre,
degenererad materia,
som andas ljus, stjärnruin,
rest av supernova.

*

Snötäcket håller marken
frusen. Regnet äter av isen,
skaver och förtär och får
vätan att rinna i rännilar
ut över den hårda jorden.

Skogen står vitskimrande
av nattfrost, natthimlen
trängd av stjärnljus. Granarna
reser sig stillatigande
och majestätiska
mot himlens bleka ljus.

*

På ljusårs avstånd brinner eldar,
fusioner, kärnreaktioner,
stjärnor i rörelse kring
ursprungets mitt.

Vi lever på Orionarmens ena kant,
försvinnande små
men gudars like
på vår egen planet.
Tyngden och rotationen
håller oss kvar under
jordens atmosfär.

Galaxerna på väg utåt,
åt alla håll utåt
och mellan kropparna
öppnar tomrummet.

*

I torra höljen ligger frön skyddade,
växtämnen till nya liv. När kapseln
brister, faller fröna till den fruktsamma
jorden och embryot växer med
växtkraften sprängande i sina växtnerver.
Ljuset möter grodden när den tränger
genom markens ytskikt. (I ett förvillande
mörker skulle grodden fortsätta att leta
och leta, uppåt och uppåt, på sin envisa
väg mot ett ljus).

I rymden kan vi färdas instängda i en kapsel, skyddade från solens giftig regn. Livet på vår planet har gjort oss ömtåliga för stjärnornas strålning. Livet på jorden har gjort oss starka i vår egen natur. Inom kapseln råder förhållanden som vi har anpassat till människoliv. Men om det skulle hända att höljet spricker och sprängs sönder, då svävar all materia fritt. Då är vi åter ursprungsstoff med möjlighet till något nytt.

## Den blå timmen

Den blå timmen vid Vättern
vintertid
och den vita snön täcker
fälten som breder ut sig
ner mot sjön.
Vattnet är iskallt
och stilla glimmande
i Paynes gray, Neutral tint.
Sothönor ligger
som svarta punkter
i den vidsträckta ytan.
Himlen vitviolett.
Mörkret faller.
Orden är fastfrusna
i den stela marken.
Pilarnas stammar rister.
Istappar hänger
som skägglav
från trädens grenar.

## Stilleben

Atomernas stela rörelser
i den frusna materian.
Isen är förrädiskt tunn.

Vid vassen skär en skåra
genom vattnets fasta
tillstånd och svartisens
skärvor spricker
som glassplitter
i den vita luften.

*

De svarta frukterna
ligger vid varandra.
Dofterna och ljusets spel.

Det som rör sig under ytan.
Det gula fruktköttet och tiden
som ger sken av att stanna.

Den djupaste svärtan,
pariserblått, blandat med
krapplack och ockra.
Det mörkaste mörka
och ändå så enkla ting.

Pappret mättas av fukt.
Mörka färgfält flyter
och flyter in i varandra.

# Floden

Vassruggarna lutar
genomblåsta,
gulbleka
i den vita stillheten.
Vattnet blågrått
och skiftande
i rå umbra.

Floden har lämnat spår
i granitbergets grå sten,
genom dalgångens
mjuka lera.
I floder rör sig
vårt osynliga
som ska bli
synligt i oss.
Floder som tränger
in genom cellernas
öppna och slutna
membran.

Över det svartglänsande djupet
glimtar rörelsen till.
Vissnat i ockra sover
fjolårets gräs
längs stränderna.

## Röda tulpaner

Med dagsmejan släpper
krampen som hållit
dygn efter dygn
i en frusen stillhet.
Snart flödar och rinner
vätan i floder
genom den i umbra
vilande trädgården.

Tjälen lossnar ur den svarta
jorden. Maskarna gräver
och gräver sina
trånga gångar
och luften tränger
och tränger
djupare ner.

Tulpanerna stiger
som stjärnskott ur marken,
blodfärgade.

## Stomata

Genom öppna munnar,
klyvna läppar. I luften
lösta ämnen: väte och syre.
Så sinnrikt förenade.

Livets cykel och den skenbara
handen som vidrör.
Transpirationen.
Ljusprocessen,
mörkerprocessen.

Syntesen frigör syret
och cellerna andas.
Förbränningen ger
kraften att gå vidare.

När mörkret faller
stänger bladen sina
öppningar. Rottrycket
pressar upp vatten
genom växtens organ.

*

Rytmen mellan orden.
Diafragmans rörelser, luftrörens
förgreningar. Alveolsäckarna.

Alveolerna omspunna av
blodkapillärer som öppnar
för utbytet av gaser.

Regnet faller över träden. Fukten.
Överallt fukten. Alveolernas
väggar är alltid fuktade. Andetagen.
Den aldrig avstannande
respirationen. Lungsäcken
höjs och sänks, höjs och sänks.

Regnet strilar genom
lövverket. Vattnet ligger i pärlor
över bladen. Orden formas
genom strupen. Läpparna
öppnar och sluter,
öppnar och sluter.

*

Embryosäcken, hongametofyten,
skyddas av integumentet som
ska bli fröskalet. Vägen dit går
genom micropyle,
öppningen på pistillens märke
där pollenslangen växer ner.

Att befrukta och befruktas.
Att bli zygoten, embryots
första cell. Att bära anlagen.

Efter sammansmältningen faller
tulpanernas gula kronblad
mot den fuktiga jorden. Gröna
fruktkroppar sväller
på sina stänglar.

*

Dimman omsluter oss men vägen skrider
fram ur det mjölkigt vita, dess färg är dov
men synlig under våra fötter.
Jag går där du redan gått.

Aggregationstillståndens rörelse
från ett till ett annat, fukten faller
ut i den blekgrå luften. Flödet
som är i oss,

som rör sig framåt.
Vi rör oss framåt,
alltid framåt.

## Ringblommor

Kronbladen sträcker sig
som lätta penseldrag
över rabatten. I brinnande gult
lyser min trädgård och lockar
insekt efter insekt
till sig.

Sommarens värme vandrar
i dagar och genom nätter.
Trädens grenar domnar över marken.
Kadmiumgula droppar
faller över pappret.
Insekternas kroppar täcks av pollen.

Att vara i trädgården nu,
att vara del i det som sker,
att vara del i allt som är.

## Embryo

Det gulefattiga ägget,
de första klyvningsfaserna:
morula, bastula, gastrula.
Cellernas rörelser och hur
de förhåller sig till
varandra. Groddbladen,
gåtan som är vi.

Urmun, urtarm,
kroppshåla.
Nerver, mun,
matmältningshåla.
Hjärna, fullständig
tarmkanal. Sekundär
kroppshåla

och den fisklika tillvaron
då ryggsträngen ännu inte
är omgärdad av
ett förkalkat skydd.

Ryggraden, kotpelaren.
Stunden då vi liknar
den fullvuxna hajen
med gälartärer och
ett tvårumshjärta.
Som simmande
förfäder. Så likt.

Att andas vatten,
att andas genom gälar,
att öppna munnen
och låta vattnet
strömma
mot de fina
membranen.

Att bryta
genom ytskiktet.
Att låta lungorna
fyllas av luft.
Alveolerna
tätt omspunna
av kapillärer.
Gaserna vandrar
in och ut,
in och ut.

Att vara där livet
tar sin början.
Att bli ett jag
och du ett du.

## Kväll vid vattnet

Utmed trädgårdens lutning
kommer ljuset till ro.
Kvalstret, inkräktaren
har krupit in i kupornas
vaxtäckta celler.
Parasiten, spindeldjuret,
Varroa destructor raserar
det ordnade samhällets
rutiner och struktur.

*

Tyst vatten, spegel av moln.
Insekterna intar luften
omkring oss.

Hallonen växer vilt
längsmed sjökantens
branter. Vi stannar
och äter de mogna bären
medan det sista
av kvällens ljus
skimrar över himlen
och vattnet.

Jordkroppen vrider
oss sakta ut

mot den tomma
och ödsliga rymden.

*

I landskapet borrar ett gruvbolag
efter sällsynta jordartsmetaller.
Dysprosium, yttrium, zirkonium.
Dagbrott och ett brustet landskap,
en bruten skog. Hotet och ängslan
hänger över oss att brottet ska ge
ett förgiftat vatten.
(till minne av Harry M)

## I rosenrabatten

Klappret från hästarnas skor
mot den hårda betongen.
Ljuset öppnar mellan träden.
Som om skogen står på glänt.

I rosenrabatten ligger en död kropp,
en förstelnad katt, och regnet
av blommornas kronblad.
Järnets slag mot den svarta

asfalten. De mörkröda bladen
fortsätter falla. Hästarna frustar
och kastar med sina betsel.
Vinden drar genom askarnas

kronor. Rörelsen i den mjuka
pälsen. Muren av skog och den ljusa
gläntan. Trädens grenar lutar in
över den ensamma platsen.

## Vid insjön

I det väldiga sötvattnet
simmar cerkarier och söker
febrilt efter en annan
att leva av.
De borrar sig in under hudens
genomsläppliga
lager.

*

Tänk om jag kunde stanna
här vid stranden hela dagen
ända tills regnet kommer.
Denna längtan att bara vara
till för någon annan.

*

Ännu en gång spricker cementen.
Den som ska hålla fotstegen
samlade. Myror flyttar in
i de gapande tomrummen.
Så de springer! Hela tiden.
In och ut,
in och ut.

Jag simmar långa sträckor
i det ljumma vattnet
och bryr mig inte om
larverna som flockas
kring min hud.

*

Minerarmalen lägger ägg
i kastanjens blad. De
nykläckta larverna klättrar
i gångar mellan bladens
nerver, de äter det gröna
klorofyllet medan läpparnas
rörelser avtar och trädet
fylls av rosträda
prasslande blad.

Fågelbilharzian kliar
och skaver
under min hud.

*

Regnet som följer
den här sommaren
är gråare än vanligt.
Gränsen mellan himlen
och insjöns vatten
suddas ut.

## Krapprött

Under total solförmörkelse
blir koronan synlig och lyser
som en flämtande eld runt
den mörklagda kroppen.

Här hos oss klättrar
skogen i toner av ockra
och umbra. Vid horisonten
sjunker solen. Några
trädkronor flämtar till
i djupaste krapprött. Snart
fyller svärtan valvet.
Skenet från rymdens
kärnreaktioner
lyser starkare och starkare.
Fotoner smälter in
i våra ögons hinnor.
Floden rör sig
djupt inom oss.

## Höststorm

Prognosen är fastställd.
Stormen är väntad.

Men det är först senare på dagen
som ovädret drar in över oss
med styrkan hos en orkan.

*

När det sista ljuset vilar
över vattnet, hämtar luften
andan och står stilla
en stund.

Jag sitter i huset, mina händer
på det bruna och fårade bordet.
Tiden här har blivit tyst och ödslig.
Det är svårt att förstå när världen
vänder och skiftar gestalt.

Tystnaden mellan molnen
när de skockar sig över sjön.
Sedan växer bruset
och oron över ytan
stegras in mot strand.

Trädgården är så sluten
nu. Äppelträdens gula
löv och läpparna så stela.

Skymningen faller.
Snart piskar hårda skurar
mot husets södersida.
Rummet innanför
har börjat lukta
instängt och skiktet
av damm ligger
som en film
över lampans skärm.
Sommarens tunna
gardiner dröjer kvar.

Vad är det som har grävt
fåror i den en gång så
blanka och täta ytan?
Under de få middagarna
var bordet alltid klätt
i täckande duk.
Stunderna markerade
åren som gick.

*

Att vara beredd,
när en sådan storm kommer,
är som att andas aska.
Vi har aldrig tidigare
varit där.

*

Dessa fåror i det bruna bordet
som gäckar alla minnen.
Att inte vilja röra det som är orört.
Att vilja stanna i det som var.

*

Jag föreställer mig vindlingarna
och vägarna av glömska
mellan hjärnans vävnader.
Våtvaran. Det neurala
nätverkets struktur.

Hur ser de ut? Alla dessa fack
som vi sorterar i.

Synapserna. Nätkontakterna.
Proteinmolekylerna.
Den veckade vävnadens
invecklade struktur.
Bäddad och invävd i fett.

*

Nu lyder inte längre
handen hjärnans vilja.
Nu faller tecknen i glömska
och mitt i namnet
stannar rörelsen upp.

Tomheten mellan
synapserna. Signalerna
når inte fram. Den praktiska
kunskapens kollaps.

Trädens rörelser i den hårda vinden.
Regnet piskar mot rutan.

Det fårade bordets sargade yta.
Mellan virkets ådringar har de långa
molekylerna av cellulosa
sakta fallit sönder
så som den andra vävnaden
förtvinar och dör.

Annat dröjer kvar och reser
sig som bergsryggar
i medvetandets struktur.

*

I trädgården faller
Ingrid Marie som ishagel
i den hårda vinden.
Frukterna rullar
utför sluttningen
tills de stannar
i det våta gräset.

Ännu långt inne i natten
rister husets fönster
av den byiga attacken.

## Sönderfruset

Vassen står i täta flockar.
Sönderfrusen. Gul, stel
och sönderbruten.
Rören inuti är sönderfrusna.
De inre systemen
av vävnader sönderfrusna.
Genom floemet och xylemet
finns inte längre
någon rörelse.

Våra kroppar i den isklara kylan.
Blodets värme genom våra
kardiovaskulära system.
Rörelsen genom cellväggarnas
membran. Värmen, det av liv
varma. Kärlens väggar
är så genomsläppliga.

Varje vassrör
inkapslat i nattfrost,
varje strå i nattfrost
som om sömnen
äntligen är där.

## Talapparaten

Svalget, gomspenen
den glatta muskulaturen.
Ljuden rör sig mellan
de fuktade väggarna.

Mungrottan, munhålan,
födan och andningsorganet
som håller oss båda vid liv.

Din tröga och svåra
artikulation. Mina ljud
och hur jag sträcker
mig efter orden.

Talapparaten, de
gutturala ljuden.
Velarer skaver
mellan tungrot och hals.
Svalgväggarna,
de nasala ljuden och
språkets prosodi.

Pragmatiken
är problematisk
när den inre styrkan
fattas och orden
inte tar vid.

## Gravsänkan

Att ännu en gång vara
i november när ljuset
krymper för varje dag.

Horisonten är utan
gräns, en vidsträckt
rymd av grå fukt.

Längst ut på piren
slår vågor upp vatten
mot blocken av granit.

*

Den gula färjans färd
över det vida innanhavet.
Hur den ständigt
är på väg och
kommer emot oss
ur det diffusa diset.

*

Inne i hamnbassängen,
i skydd av vågfångarens
arm, simmar Salvelinus.

Fenornas vita streck
framhäver fiskarnas rörelser.
De brandgula bukarna lyser
i det manganblå vattnet.

Gravsänkan där jordens skal
har glidit isär.
Landområdet som har sjunkit
mellan bergens rörelser.

Vattenytan härinne
är den här dagen
spegelblank.

*

Den gula färjans färg
i allt det blå och de ockra
fälten i fjärran.

Det är den tiden nu
när alla färger
tycks försvinna.

## Avsked

Den blå timmen vid Vättern
vintertid
och den vita snön täcker
fälten som breder ut sig
ner mot sjön.
Oändligheten möter
när livet tar
en annan väg.
(till mamma)

## Kambrium

Vaskulärt kambium
mellan floem och xylem
växer hos trädet till en ring,
mäter åren som går,
den gripbara tiden.

Urtidsplattan,
de kambriska
bergarterna.
Inlandsisen,
hur den rört sig
och lämnat spår
i den hårda stenen.
Avlagringar av morän
och varvig lera.
Vittringen.
Erosionen.
De sedimentära
bergarterna.

Jordens åldrar som
avlöst varandra.
Kambrium, ordovicium,
silur. Devon, de tidiga

insekternas tid. Karbon,
ormbunksskogar

och permtidens
häftiga vulkanism.
Vätternsänkan, Omberg.
Trias, jura, krita.

Skogen, träden,
de högresta stammarna.
Kambium,
vävnaden mellan
ved och bark.

## Vaggsång

I ett framskridet stadium av nedbrytning bildas humus, svart jord. Det som varit levande blandas med icke levande, organiskt med oorganiskt. Stjärnstoff, materia som för längesedan blev jorden, vattnet, människorna, det levande, det som gravitationen håller på plats. Mörkbrun, svart jord.

Under den öppna rymden vilar våra kroppar, du och jag, medan stjärnorna kretsar och kretsar, fasthållna i sina banor. Allt är levande och ickelevande, dött och pånyttfött.

Men var någonstans är du när tanken inte längre förmedlar vad kroppen och känslorna känner, när nervtrådarna inte längre har någon kontakt, när allt är sönderdelat och nedbrutet, när du inte längre finns. Var är du? Det som var du? Humus, mörk, svart jord.

## Vårfloden

Våra fötter lämnar avtryck
i den våta förnan.
Som brusten lakansväv
över marken.

Under dagen tilltar flödet
och rinner i strida fåror
in under isen som ännu
täcker marken.

Flodernas flod,
nu stämmer den sin klang
efter den andra floden,
den som känner
alla genvägar.

## Iktus

Hjärtats slag
mot bröstets vägg.
Som dyningarna
mot fuktig sand.
Pulsen mellan orden.

Hävningarna
i det kardiovaskulära
systemet.

*

Daggmaskens hjärta
dorsalt i djurets kropp.
Blodkärlen leder
framåt, bakåt, åt
sidorna, blodet
rinner fritt
genom djurets
organ.

Mun ur
urmun.
Mage, tarm
ett enda
långt rör.

Mun, svalg,
muskelmage,
kräva,
tarm,
anal.

*

Genom råttdjurets hjärta
rinner det syresatta blodet
skilt från syrefattigt.
Hjärtslagen dunkar dovt
och klaffarna stänger
mellan muskelns
olika faser.

## Tiden

Det var en gång ett ljus som flöt
ut över vidderna av vatten
och lämnade ett stråk av silver
på den svartnande sjön.

Jag fyllde en pensel med färg
för att fästa mörkret som omgav
den tunna glansen.

Ljuset dröjde kvar,
glänste och skimrade.
Det väldiga vattnet
drog efter andan
likt en jättelik lunga.

Mellan träden stod de svarta
stenarna resta på rad.
De ristade tecknen
diffusa i mörkret.

Färgernas rörelser.
Hur de flöt och flöt
in och in i varandra.

Mörkret över berget, granarnas
svarta och taggade kronor.
Horisonten vände i purpur.

Den stora vattenlungan suckade
djupt och drog tillbaka
sitt utspridda vatten.

*

En tillsluten dörr
i en vitgrå mur. En port
som är fast förankrad,
svart och stängd.

Passagen utanför.
De vita valvbågarna
öppnar ner mot
gränden.

*

Rumtiden. Tänk tanken:
cellerna som åldras
och att resa dit den andre
aldrig rest, att röra sig
i den tomma rymden.
Och att vända tillbaka.
Att befinna sig där
den andre redan varit.

*

Tidens krökning kring solkroppars
massor. Väte och helium
och hettan av kärnfusioner.

I den vidsträckta rymden
små, små kluster,
som klangmassor
av materia och energi.

Planeten av järn, syre,
magnesium och kisel. Dess
innandöme en kokande gryta,
en smältdegel av energi. Fyra
och en halv miljarder år.
Omgivna av tomrum.

*

De levande cellerna.
Det endoplasmatiska nätverket,
mitokondrier, ribosomer,
golgiapparaten,
lysosomer, vesiklar,
kärnan.
Deoxiribonukleinsyra.

*

Och i bokskogen badar marken
och flödar i blått innan trädens
bladskott brister och breder ut sig

och lägger allt i dunkel. Dessa
täta kronor där inga nya örter växer
när ljuset inte längre når ner.

*

Bokträdens släta och kala
stammar. De nakna grenarna
när löven har fallit.

Att vara med på resan
som aldrig stannar
och inte heller tar någon paus.

Det som faller
här inne under träden,
det som faller
tar en annan väg.

*

I cellerna: golgiapparaten
paketerar och sorterar
proteinernas väg.
Dessa långa kedjor av
aminosyror, komplexa
i sin struktur.

*

Vattenämnets molekyler. Hur de drar sig
till varandra. Hur de fördelar sig
över ytan. Hur de håller
spänningen. Så enkla
sammansättningar
av atomer och utan dem
är vi ingenting.

*

Ljuset från Andromedagalaxen.
Det förflutna blir synligt hos oss.
Ljuspartiklarna, fotonerna.
Någonstans där borta
blev universum till.